PROYECTOS FASCINANTES

LUZ

Sally Hewitt

Traducción: Diana Esperanza Gómez

PANAMERICANA
EDITORIAL

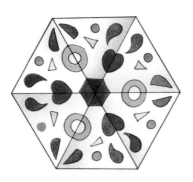

Título original: Light

Hewitt, Sally
    Luz / Sally Hewitt ; ilustraciones Ian Thompson,
Catherine Ward y Peter Wilks. -- Bogotá : Panamericana
Editorial, 2004.
    48 p. : il. ; 26 cm. -- (Proyectos fascinantes)
    ISBN 978-958-30-1530-4
1. Aire - Experimentos - Enseñanza elemental 2. Luz -
Enseñanza elemental 3. Fotografía - Enseñanza elemental
I. Thompson, Ian, il II. Ward, Catherine, il. III. Wilks, Peter,
il. IV. Tít V. Serie
I372.35 cd 20 ed.
AHX8183

CEP-Banco de la República-Biblioteca Luis Ángel Arango

Editor
Panamericana Editorial Ltda.

Edición
Javier R. Mahecha López

Traducción
Diana Esperanza Gómez

Ilustraciones
Ian Thompson, Catherine Ward y Peter Wilks – SGA

Caricaturas
Tony Kenyon - BL Kearley

Consultor
Dr. Bryson Gore

Cuarta reimpresión, enero de 2014
Primera edición en Gran Bretaña por Aladdin Books, 2002
Primera edición en Panamericana Editorial Ltda., noviembre de 2004
© Aladdin Books
2/3 FITZROY MEWS, London W1T 6DF
© Panamericana Editorial Ltda.
Calle 12 No. 34-30, Tel.: (57 1) 3649000
Fax: (57 1) 2373805
www.panamericanaeditorial.com
Bogotá D. C., Colombia

ISBN: 978-958-30-1530-4

Impreso por Panamericana Formas e Impresos S. A.
Calle 65 No. 95-28, Tels.: 4302110 - 4300355
Fax: (57 1) 2763008
Quien solo actúa como impresor.
Impreso en Colombia   *Printed in Colombia*

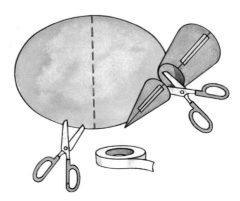

Contenido

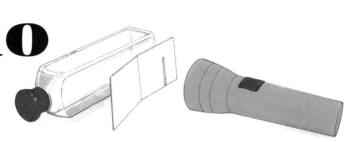

¿Qué es la luz?   6
Fabrica tu propia luz y observa cómo la luz del Sol y la luz de la Luna son diferentes.

Sombras   10
Aprende cómo presentar un espectáculo de títeres usando sólo tus manos.

Reflexión   14
Aprende a escribir en clave y a fabricar un caleidoscopio.

Refracción   18
Descubre qué produce el cambio de dirección de la luz.

Lentes   22
Amplía la Luna y aprende a fabricar tu propio microscopio.

Colores de la luz   26
Descompón la luz para generar los colores del arco iris y crear una puesta de sol.

Cómo mezclar la luz   30
Observa cómo las luces de color se pueden mezclar para producir luz blanca.

Colores y tinturas   34
Tintura prendas de vestir utilizando remolacha y pinta un cuadro solamente con puntos.

Cómo tomar fotografías   38
Elabora tu propia cámara y descubre cómo funcionan los rayos X.

Una luz extraña   42
Descubre cómo funcionan los cables de fibra óptica y observa cómo el azúcar puede generar luz.

Glosario   46

Índice   48

Introducción

En este libro se explica cómo es la luz mediante una serie de proyectos y experimentos fascinantes. Cada capítulo aborda un aspecto diferente de la luz (las sombras, los colores, ...), con un proyecto principal, soportado con varios experimentos sencillos (*casillas sorprendentes* y *recuadros de hechos fascinantes*, entre otros). Al finalizar cada capítulo se explica qué ocurrió y su argumentación científica. Los proyectos que requieren instrumentos cortantes o calientes debes realizarlos bajo la supervisión de un adulto.

Acá se presenta el objetivo del proyecto.

PROCEDIMIENTO
Los consejos útiles para realizar tus proyectos incluyen:

Materiales
En esta casilla se listan los materiales que necesitas para realizar cada proyecto.

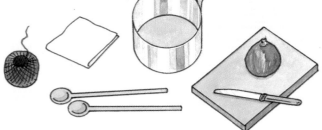

Figura 2

1. Los pasos que describen la ejecución de cada proyecto; éstos se numeran.
2. Las ilustraciones, que te ayudarán a entender las instrucciones y que también se numeran como figura I, etc.

Figura 1

LA SORPRENDENTE CASILLA MÁGICA
Qué sucede

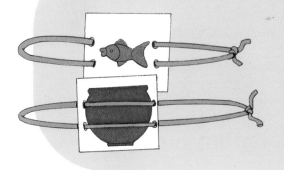

¡En estos recuadros hay actividades o experimentos con resultados particularmente maravillosos y sorprendentes!

POR QUÉ FUNCIONA
También podrás descubrir qué pasó exactamente.

QUÉ DEMUESTRA

Estas casillas, tituladas *Qué demuestra* o *Por qué funciona* contienen una explicación de lo que sucedió durante la realización de tu proyecto y el significado del resultado.

¡Hechos que fascinan!
Un hecho divertido o sorprendente relacionado con el tema del capítulo.

Encontrarás este símbolo en aquellos proyectos en los que debas utilizar instrumentos cortantes o que requieran supervisión de un adulto.

El texto de estos óvalos relaciona el tema de esta página con el de la siguiente, dentro del mismo capítulo.

¿Qué es la luz?

La luz es una clase de energía. No podríamos ver sin aquélla. La luz del Sol ilumina la Tierra todos los días. En la noche, cuando está oscuro, prendemos las luces eléctricas o encendemos una vela para poder ver. El Sol, las bombillas eléctricas y las velas son luminosos, lo cual significa que producen luz de sí mismos. La luz viaja rápidamente en líneas rectas denominadas rayos. Cuando los rayos de luz inciden en algo sólido, un parche oscuro llamado sombra se genera en aquellas partes a donde la luz no llega.

Averigua cómo alumbra una bombilla eléctrica.

PROCEDIMIENTO

Utiliza alicates para cortar el alambre sencillo de filamento.

Materiales
- Dos baterías de 1,5 voltios.
- Dos pedazos de alambre aislante.
- Plastilina.
- Dos pinzas metálicas.
- Alambre sencillo de filamento.
- Una bandeja con arena.

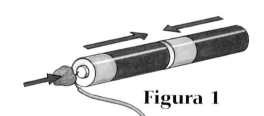

Figura 1

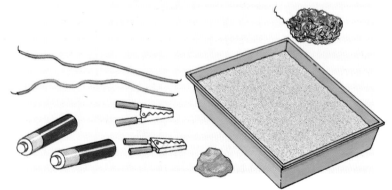

1. Coloca las dos baterías de modo que el polo positivo (+) toque el polo negativo (-) (figura 1).
2. Con un pedazo de plastilina, fija el extremo del alambre aislante a uno de los polos de la batería (figura 1).

6

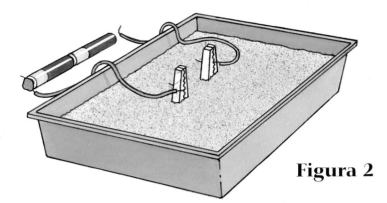

Figura 2

3. Coloca el extremo del otro alambre aislante cerca del otro polo de la batería.

4. Entierra las pinzas metálicas en la bandeja de arena y con ellas sujeta los extremos libres de los alambres aislantes (figura 2).

5. Pon el alambre sencillo de filamento entre las dos pinzas metálicas (figura 3).

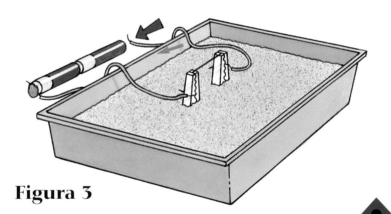

Figura 3

6. Completa el circuito tocando el polo de la batería con el extremo suelto de alambre. Observa cómo el alambre brilla con un calor intenso y se rompe en cuanto la electricidad fluye a través de éste (figura 4). Mantente alejado mientras el alambre se quema y no lo toques.

QUÉ DEMUESTRA

El alambre de filamento forma parte de un circuito eléctrico; es tan delgado que se pone rojo, se calienta y alumbra cuando la electricidad pasa a través de éste. El alambre brilla y se quema.

El alambre delgado de una bombilla eléctrica, conocido como filamento, está hecho de un metal llamado tungsteno. La bombilla eléctrica está llena de un gas llamado argón que le permite al filamento brillar intensamente por algún tiempo sin quemarse.

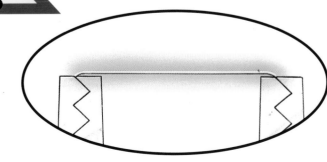

Figura 4

7

¿Qué es la luz?

LUZ DEL SOL Y DE LA LUNA

En una habitación oscura, alumbra con una linterna una postal previamente colocada dentro de una caja (figura 1).

¿Puedes ver bien la postal? Haz un cono con medio círculo de cartón (figura 2) y colócalo en el extremo de la linterna para dirigir el rayo de luz.

Ahora, arrugando un pedazo de papel blanco forma la luna.

Con cinta, pega un trozo de cuerda a la bola (figura 3).

Cuelga la bola frente a la caja y dirige tu rayo hacia la bola para hacerla brillar (figura 4).

¿Cómo ilumina la bola a la postal?

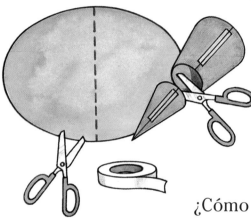

Figura 1

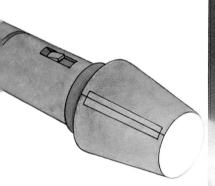

Figura 2

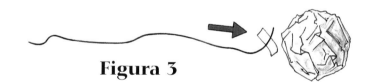

Figura 3

Figura 4

QUÉ DEMUESTRA

La luz del Sol es más brillante que la de la Luna. La luz que vemos en la Luna es el reflejo de la luz del Sol. La luz de la linterna se refleja en la bola de papel. Esta luz reflejada es más débil que la luz de la linterna.

LUZ Y SOMBRA

En una habitación oscura, enciende cuidadosamente una vela y coloca objetos alrededor de ella. Observa cómo cada objeto alrededor de la vela produce sombra en diferente dirección.

Esto ocurre porque la vela dispersa la luz alrededor de ella. El rayo de una linterna sólo iluminará en la dirección a la cual la apuntes. Si tú enfocaras la linterna hacia estos objetos, las sombras se producirían en la misma dirección.

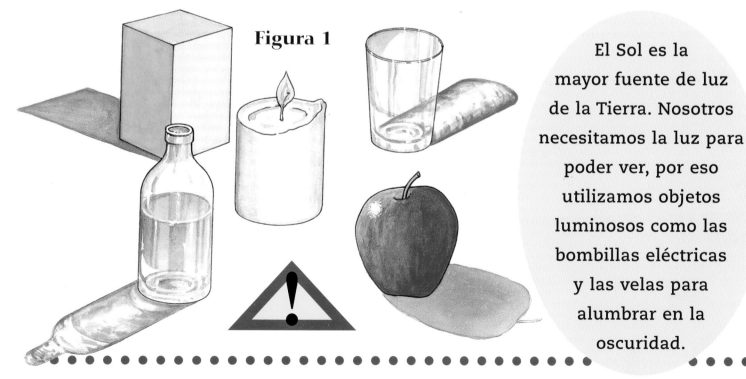

Figura 1

El Sol es la mayor fuente de luz de la Tierra. Nosotros necesitamos la luz para poder ver, por eso utilizamos objetos luminosos como las bombillas eléctricas y las velas para alumbrar en la oscuridad.

Sombras

Cuando un objeto sólido se interpone al rayo de luz, un parche oscuro llamado sombra se genera en aquellos espacios donde la luz no alcanza a llegar. La noche es generada por la sombra de la Tierra. Cuando la Tierra gira en el espacio, una de sus mitades está frente al Sol y la otra está en la sombra. Cuando la mitad de la Tierra en la cual te encuentras, está frente al Sol, será de día; cuando no está frente al Sol, será de noche.

Fabrica un reloj de sol para observar cómo funcionan las sombras.

PROCEDIMIENTO

Utiliza un compás para ajustar el reloj de sol, de modo que el indicador quede sobre el borde sur del cartón.

Materiales

- Plastilina.
- Un pedazo de cartón grueso.
- Pegante.
- Un palo delgado.
- Pintura a prueba de agua.
- Una regla.
- Un compás.

1. Coloca un pedazo de plastilina debajo del cartón en la mitad del lado largo. Con un palo de pincho, abre un agujero sobre el cartón.

2. Pega el palo en el hueco de modo que quede vertical (figura 1).

3. Con pintura a prueba de agua, decora el reloj de sol (figura 2).

Figura 1

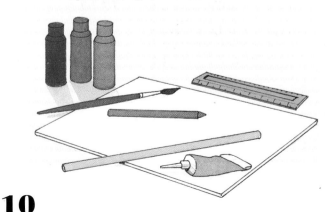

Figura 2

4. Pon el reloj de sol fuera de tu casa en una mañana soleada brillante. A las horas en punto, dibuja una línea a lo largo de la sombra que genera el indicador y escribe la hora a la cual corresponde (figura 3).

5. Haz lo mismo cada hora a lo largo del día. Al final del día tendrás una serie de líneas a intervalos iguales sobre el reloj de sol (figura 4).

6. Usa tu reloj de sol para dar la hora. Sólo funcionará en días soleados y si lo colocas exactamente en la misma posición.

Figura 3

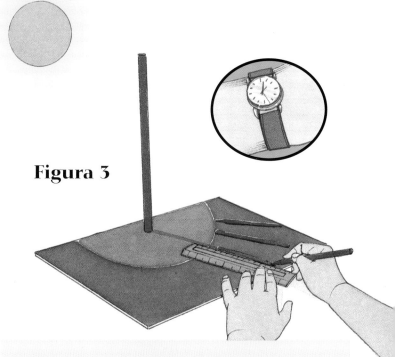

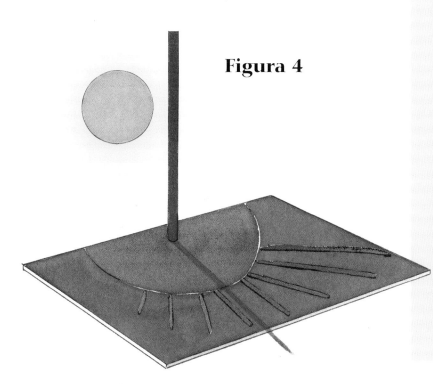

Figura 4

QUÉ DEMUESTRA

El indicador proyecta una sombra en el sitio donde la luz es bloqueada. La posición de la sombra sobre el reloj de sol cambia en cuanto el Sol se "mueve" en el firmamento.

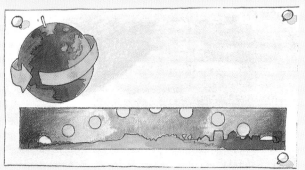

El Sol aparentemente está quieto en el espacio y la Tierra se mueve alrededor de éste. Para nosotros, pareciera que el Sol sale por el Oriente. Alcanza su punto máximo a mediodía y se pone por el Occidente.

Sombras

CÓMO CAMBIAN LAS SOMBRAS A LO LARGO DEL DÍA

La posición del Sol en el firmamento determina la longitud y posición de tu sombra.

En una mañana soleada, párate afuera, sobre una superficie rígida.

Pídele a un amigo que dibuje con una tiza tu sombra proyectada. Párate en el mismo lugar a mediodía y en la tarde y haz lo mismo. Tu sombra es más larga en la mañana y en la tarde, cuando el Sol está en posición baja. Es más corta a mediodía, cuando el Sol está casi sobre tu cabeza.

EL SORPRENDENTE TEATRO DE TÍTERES
Monta un espectáculo de títeres de pájaros y perros usando tus manos

En una habitación oscura, alumbra con una linterna hacia una pared. Copia estas formas con tus manos. Coloca tus manos enfrente de la luz y muévelas para doblar las alas y agitar las orejas.

POR QUÉ FUNCIONA
La luz no puede iluminar a través de tus manos; por esto, la sombra de esta figura, o la silueta de tus manos, se proyecta en la pared. Cuanto más cerca estén tus manos a la luz, más grandes serán las sombras.

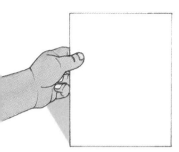

Figura 1

OPACO, TRANSLÚCIDO Y TRANSPARENTE

Busca un plástico claro, un pañuelo de papel y un pedazo de cartón. Alumbra cada uno de ellos con una linterna. La luz no pasará a través del cartón y verás una sombra (figura 1). Sólo un poco de luz pasará a través del pañuelo (figura 2), pero sí alumbrará completamente a través del plástico (figura 3).

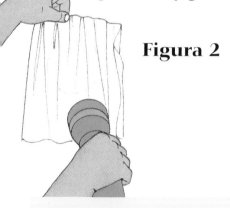

Figura 2

Figura 3

POR QUÉ FUNCIONA

El cartón es opaco y no permite que la luz pase a través de él. El pañuelo es translúcido, lo cual significa que sólo un poco de luz pasa por éste. El plástico es transparente, lo cual significa que la luz puede brillar a través de él. Las nubes son translúcidas y sólo permiten que un poco de luz del Sol pase a través de ellas; por eso no puedes ver sombras en un día nublado.

¡Desaparecido!
Entre el trópico de Cáncer y el trópico de Capricornio —dos líneas imaginarias que rodean la Tierra— no hay sombras al mediodía dos días al año, porque el Sol alumbra directamente sobre este lugar.

La luz no puede brillar a través de los objetos opacos; por esto los objetos opacos generan sombra. En un día soleado podemos saber la hora mediante un reloj de sol, gracias a las sombras cambiantes.

Reflexión

La luz viaja en línea recta, e incide en los objetos que encuentra a su paso. Ésta rebota en los objetos del mismo modo que una bola rebota en la pared. Observamos los objetos porque la luz rebota en ellos. Este fenómeno se llama reflexión. Las superficies ásperas dispersan la luz reflejada en todas las direcciones. Las superficies planas y lisas reflejan la luz en una sola dirección. Los objetos blancos se ven de ese color, porque el blanco refleja la luz. Los colores oscuros absorben la luz.

Fabrica un caleidoscopio para explorar la luz reflejada.

Materiales

- Tres rectángulos de cartulina metalizada o tres espejos de 14 cm x 6 cm.
- Cinta pegante.
- Un lápiz tajado.
- Papel calcante.
- Papel de color o lentejuelas.
- Pegante.
- Cartón.

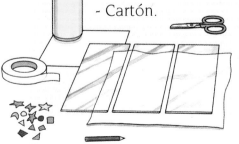

PROCEDIMIENTO

Si utilizas cartulina metalizada, pídele ayuda a un adulto para cortarla con un bisturí.

Figura 1

1. Une los tres rectángulos de cartulina metalizada entre sí, colocando el lado metalizado hacia adentro para formar un prisma triangular (figura 1).

2. Sobre el cartón, dibuja uno de los extremos del prisma para formar un triángulo (figura 2). Recórtalo y haz un agujero en el centro con la punta del lápiz.

3. Del mismo modo, sobre el papel calcante, dibuja dos triángulos. Dibújales aletas de alrededor de 0,5 cm de ancho a cada lado (figura 3) y recórtalos.

4. Pega los bordes de los dos triángulos entre sí solamente por dos de sus lados para crear un bolsillo pequeño (figura 4).

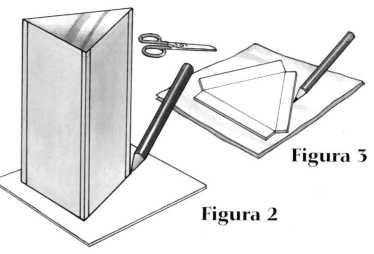

Figura 3

Figura 2

Figura 4

Figura 5

5. Rellena el bolsillo con lentejuelas o pedacitos de papel de colores (figura 5).

6. Pega el bolsillo en uno de los extremos del prisma (figura 6) y el triángulo de cartón en el otro. Sostén el caleidoscopio dirigiéndolo hacia la luz, observa a través del agujero y gíralo para cambiar los patrones que ves (figura 7).

QUÉ DEMUESTRA

Los espejos están hechos de vidrio liso con metal brillante en su parte posterior. Observamos un reflejo cuando la luz de un objeto rebota del espejo hacia nuestros ojos. La luz de las lentejuelas rebota entre los espejos y observamos sus reflejos una y otra vez.

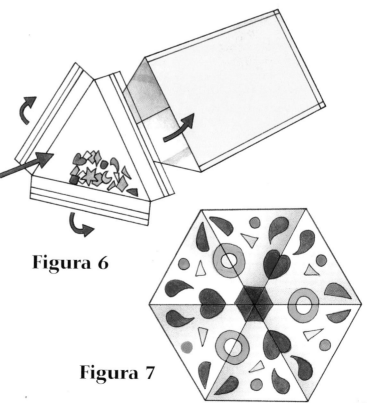

Figura 6

Figura 7

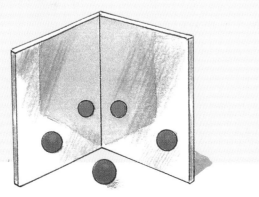

15

Reflexión

Los días son claros porque la atmósfera de la Tierra refleja la luz del Sol y la dispersa en todas las direcciones.

CÓMO REBOTA LA LUZ

Corta un círculo de papel de aluminio suficientemente grande como para cubrir el foco de una linterna. Con un lápiz, haz un agujero en él (figura 1). Cubre el foco con el papel de aluminio (figura 2) para generar un rayo de luz muy delgado. En una habitación oscura, alumbra con la linterna hacia un espejo. Verás un rayo de luz que se refleja desde el espejo. Pídele a un amigo que sostenga una bola. Enfoca con la linterna y trata de golpear la bola con el rayo de luz reflejado (figura 3). El ángulo del rayo cambia moviendo el espejo o la linterna (figura 4).

Figura 1

Figura 2

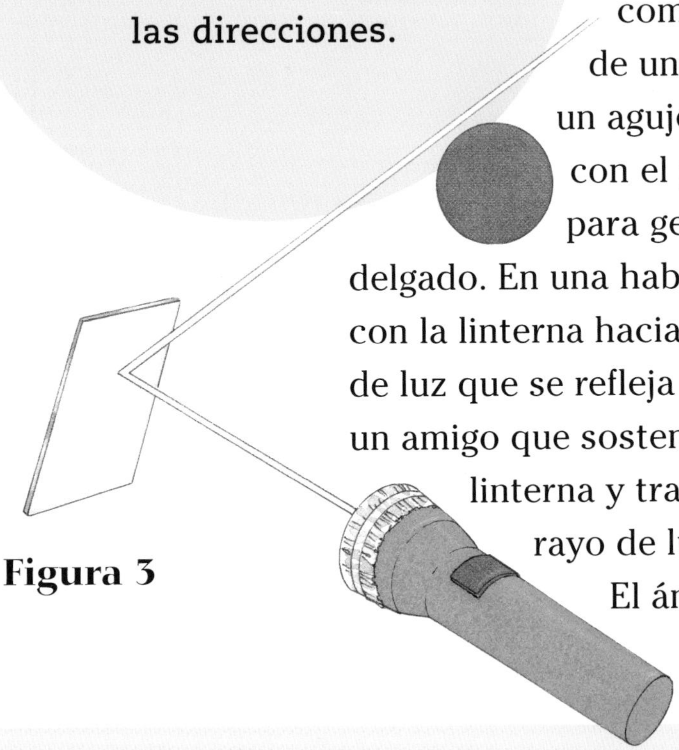

Figura 3

POR QUÉ FUNCIONA

Si tú diriges un rayo de luz directamente hacia una superficie lisa, como la de un espejo, éste se devolverá. Si la luz incide en la superficie en un ángulo, ésta se reflejará en el mismo ángulo. Observando dónde se encuentra la bola en relación contigo y con la linterna, puedes calcular el ángulo que necesitas para que el rayo de luz se refleje hacia la bola.

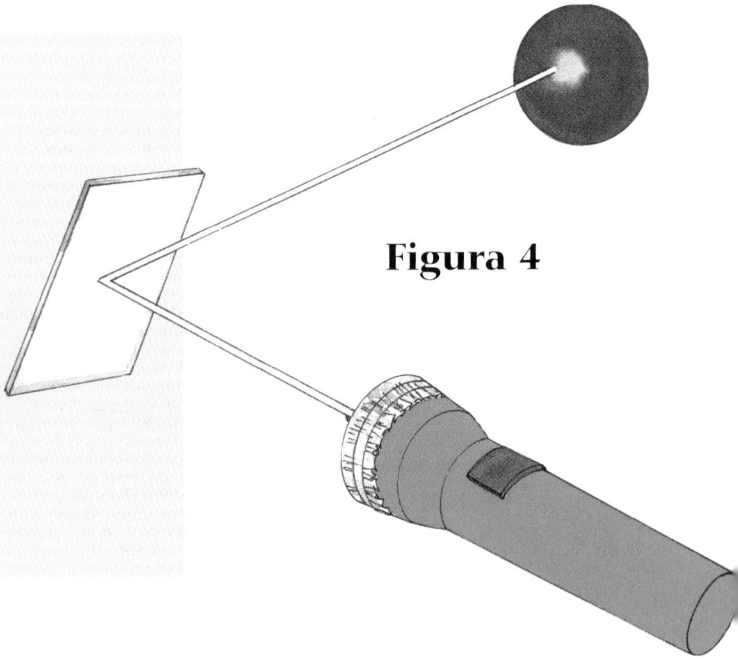

Figura 4

EL SORPRENDENTE DEDO EN LLAMAS
Convence a tus amigos con reflejos

Con plastilina, sostén un pedazo de plástico verticalmente. Coloca una vela pequeña en uno de sus lados y enciéndela. Pon tu dedo al otro lado del plástico, de modo que parezca que la luz viene de él.

POR QUÉ FUNCIONA
Tus amigos observan el reflejo de la llama de la vela sobre el plástico brillante, creando la ilusión de tu dedo en llamas.

ESCRITURA INVERTIDA

Escribe tu nombre en un pedazo de papel y colócalo frente a un espejo pequeño. Copia lo que observas en el espejo. Ahora coloca esta escritura frente al espejo y observarás el reflejo de tu nombre. La escritura inversa parece un código que puedes usar para mensajes secretos y decodificarlos con un espejo. Los reflejos en el espejo se ven al contrario, porque ellos se prolongan hacia atrás del espejo y la imagen se invierte. Tu mano izquierda parece tu mano derecha en el espejo.

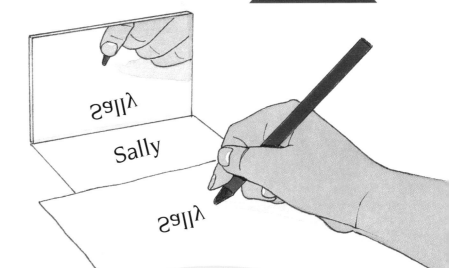

La luz se refleja de diversos modos. Ésta se refleja en superficies lisas y se dispersa en superficies ásperas. Observamos los objetos cuando esta luz reflejada llega a nuestros ojos.

Refracción

La luz que viaja sin encontrar nada en su camino lleva una sola dirección. Pero cuando la luz pasa del aire, a algo transparente como el agua o el vidrio, se refracta, lo cual significa que su dirección cambia. Esto ocurre porque la luz viaja a distinta velocidad a través de diferentes medios. Cuando la luz pasa a través de gotas de lluvia o de un pedazo de vidrio en forma de prisma, se refracta y se separa en colores. La luz siempre está en movimiento, nunca se queda quieta.

Observa la luz refractarse cuando pasa a través del agua.

PROCEDIMIENTO
Usa una jarra o frasco con lados planos.

Materiales
- Un pedazo de cartón.
- Tijeras.
- Un frasco de vidrio con tapa de atornillar.
- Unas pocas gotas de leche.
- Una linterna.

1. Haz una pequeña rendija en uno de los extremos del cartón (figura 1) y dóblalo, de modo que se sostenga verticalmente sobre su lado largo.

2. Llena el frasco con agua y añade unas pocas gotas de leche (figura 2). Ajusta la tapa.

Figura 1

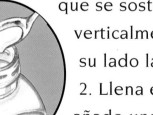

Figura 2

18

Figura 3

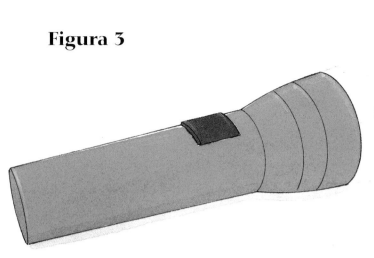

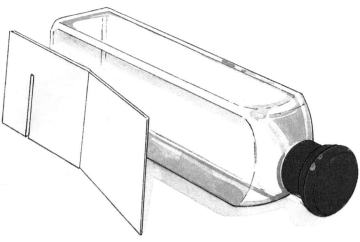

3. En una habitación oscura, acuesta el frasco sobre una mesa.

4. Coloca verticalmente el cartón sobre la mesa cerca del frasco de vidrio. Luego alumbra con la linterna hacia el frasco a través de la rendija (figura 3).

5. Observa cómo el rayo de luz se flexiona cuando pasa a través del agua y cuando regresa a través del aire.

Echa agua hasta la mitad de una bolsa de plástico transparente y sostenla cerca de una ventana. ¿Qué puedes ver a través del agua? ¿Puedes ver los colores del arco iris? Descubre lo que le ocurre a la luz cuando ésta pasa a través del agua.

QUÉ DEMUESTRA

La luz viaja más rápido por el aire que a través del vidrio o del agua. Cuando pasa del aire hacia el agua, su velocidad disminuye y levemente cambia su dirección.

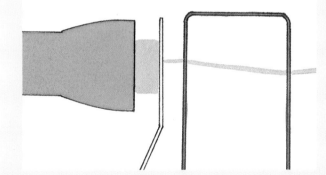

Esto se llama refracción. El rayo de luz se flexiona cuando entra en el agua. Éste viaja en línea recta a través del agua y luego cambia su dirección de nuevo cuando sale del agua y regresa al aire.

19

Refracción

A veces puedes observar rayos de luz solar a través del polvo en lugares cubiertos o a través de la fina neblina al aire libre. Estos rayos de luz siempre son rectos.

OBSERVA UN RAYO DE LUZ

Coloca algunas hojas de periódico en el piso de una habitación oscura. Suavemente, esparce harina con un colador sobre el papel. Pídele a un amigo que alumbre con una linterna a través de la harina que cae para observar los granos y el rayo de luz (figura 1).

Figura 1

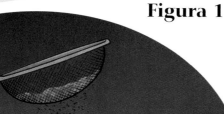

POR QUÉ FUNCIONA

Cuando la luz solar brilla a través del polvo o la neblina, cuando los faros brillan a través de la lluvia o cuando tu linterna alumbra a través de los granos de harina, las gotas de agua y los granos te dejan ver el camino recto de los rayos de luz.

Visiones que desaparecen

Los sedientos viajeros del desierto creen ver piscinas de agua (oasis). Lo que realmente ven es un espejismo, un reflejo del cielo azul que brilla en el aire caliente cerca del piso.

LA SORPRENDENTE MONEDA QUE DESAPARECE

Observa cómo la refracción puede hacer que las cosas reaparezcan

Coloca una vasija vacía sobre una mesa y pon una moneda en el fondo de ésta. Fíjala con un poco de plastilina. Sin dejar de mirar la moneda, muévete hacia atrás hasta que ésta desaparezca de tu vista. Permanece en la misma posición y pídele a un amigo que vierta agua en la vasija. Observa cómo reaparece la moneda como si fuera mágica.

POR QUÉ FUNCIONA
El agua inclina la luz de la moneda y la trae de vuelta a tu vista.

LÁPICES TORCIDOS

Echa agua en un vaso y coloca un lápiz en éste. Si observas el lápiz por un lado del vaso parecerá torcido en el punto donde entra en contacto con el agua. Los rayos de luz del lápiz se corren en cuanto salen del agua haciéndolo ver torcido, aunque al sacarlo del vaso lo veas derecho.

La luz nunca deja de moverse en líneas rectas llamadas rayos. Éstos viajan a diferente velocidad a través del aire, del agua y del vidrio. Cuando van desde uno de estos materiales hacia otro, su dirección cambia o se refracta.

Lentes

No podemos cambiar lo que vemos con nuestros ojos, pero podemos utilizar lentes en las gafas, cámaras, microscopios, binoculares y telescopios, para ver las cosas más claras, más pequeñas o más grandes. Una lente cóncava es curva hacia adentro, hacia su centro y permite que las cosas se vean más pequeñas. Una lente convexa sobresale hacia fuera, hacia su centro y permite que las cosas se vean más grandes. En los binoculares, las lentes convexas magnifican lo que observas, haciendo que los objetos distantes parezcan más cercanos de lo que están.

Fabrica un microscopio con una gota de agua en la lente.

PROCEDIMIENTO
Pídele a un adulto que te corte la botella con un bisturí.

Materiales
- Una botella de plástico transparente.
- Un bisturí.
- Un espejo pequeño.
- Plastilina.
- Una gota de agua.
- Tijeras.
- Un cabello.
- Un pitillo.

1. Corta la parte superior de la botella. Recorta una franja angosta sobre cada uno de dos lados opuestos de la botella (figura1) y tenlas listas.
2. Haz dos rendijas horizontales en los otros dos lados opuestos, cerca de la parte superior de la botella. Pasa los extremos de una de las franjas por las rendijas, para crear una plataforma (figura 2).

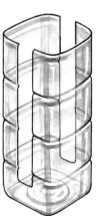

Figura 1

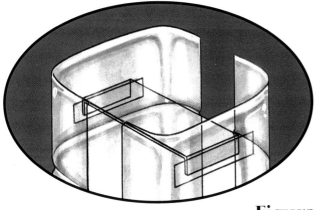

Figura 2

QUÉ DEMUESTRA

La gota de agua actúa como una pequeña lente convexa (a). El espejo refleja la luz hacia arriba, hacia el cabello.

(a)   (b)

Los rayos de luz que vienen del cabello se desvían y convergen —se acercan entre sí— en cuanto pasan a través de la gota de agua y hacen que el cabello se vea más grande. Los rayos de luz se desvían y dispersan cuando pasan a través de una lente cóncava (b), haciendo que las cosas se vean más pequeñas.

3. Inclina el espejo sobre la plastilina al fondo de la botella para reflejar la luz hacia arriba (figura 3).

4. Sumerge un pitillo en agua y tapa su extremo superior con tu dedo. Retira el dedo del pitillo para dejar salir una gota de agua y dejarla caer sobre la plataforma.

5. Pon el cabello en la otra franja y sostenlo bajo la gota de agua. Obsérvalo a través de la gota de agua y mira cuán grande se ve (figura 4).

Figura 3

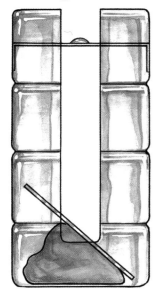

Mira otras cosas: un pedacito de periódico con letras pequeñas, un grano de azúcar o un pétalo de una flor.

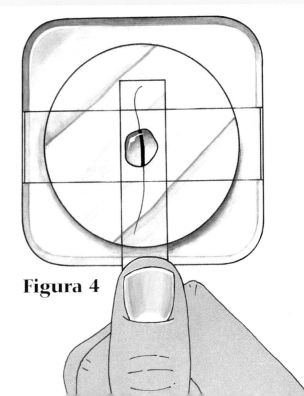

Figura 4

Lentes

LENTES CÓNCAVAS Y LENTES CONVEXAS

Pide un par de gafas prestadas a alguien que sufra de miopía, para usarlas como lentes cóncavas. Usa una lupa como lente convexa. Haz un orificio en un trozo de cartón y dobla el cartón de modo que se sostenga por sí solo (figura 1). Pega con cinta una peinilla sobre el orificio (figura 2). Pon la lupa frente al orificio (figura 3). En una habitación oscura, alumbra con una linterna a través del orificio de modo que los rayos apunten hacia un libro (figura 3). Observa cómo los rayos creados por la peinilla se dirigen a un punto. Remplaza la lupa por las gafas y observa cómo los rayos se dispersan (figura 4).

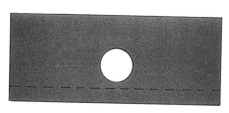

Figura 1

Figura 2

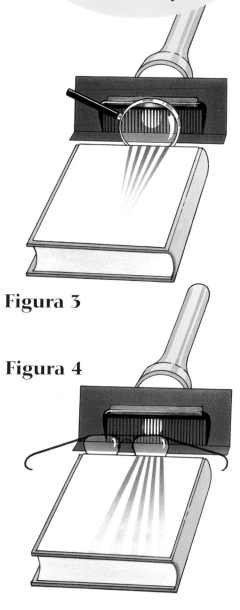

Figura 3

Figura 4

POR QUÉ FUNCIONA

Una lente convexa dirige los rayos de modo que se centren o se junten en un punto, haciendo que las cosas se vean más grandes. Una lente cóncava dirige los rayos, de modo que, en vez de centrarse, se dispersen y hagan que las cosas se vean más pequeñas.

Sostén un bolígrafo a algunos centímetros sobre una cuchara brillante, de modo que observes su reflejo sobre el lado de la cuchara que se curva hacia adentro. En el reflejo observarás el bolígrafo al revés. Muy despacio,

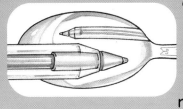

acerca el bolígrafo a la cuchara, de modo que el reflejo se vea mayor que el bolígrafo. Observa cómo, de un momento a otro, el reflejo del bolígrafo gira a la derecha.

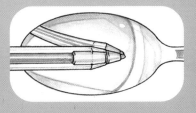

AMPLIFICA LA LUNA

Un espejo cóncavo, como una lente convexa, magnifica los objetos. Coloca en una ventana, dirigido hacia la Luna, un espejo cóncavo de maquillaje. Sostén un espejo plano de modo que puedas ver el reflejo de la Luna en el espejo de maquillaje (figura 1). Ahora, observa este reflejo a través de una lupa para ver una imagen clara.

Los espejos y lentes convexos se usan en telescopios para ver las estrellas.

Figura 1

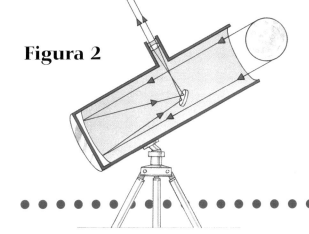

Figura 2

Los espejos y lentes cóncavos y convexos se usan a diario alrededor nuestro para curvar la luz y cambiar el modo en que vemos las cosas: desde criaturas pequeñas bajo un microscopio hasta estrellas distantes a través del telescopio.

Colores de la luz

La luz del Sol se ve blanca, por eso la llamamos luz blanca. De hecho, la luz está compuesta por cientos de colores que conforman su *espectro*. La gente denomina a los colores del arco iris así: rojo, naranja, amarillo, verde, azul, índigo y violeta. La luz blanca se descompone en estos colores cuando pasa a través de un prisma. Cuando la luz del Sol se descompone al pasar a través de gotas de lluvia que actúan como pequeños prismas, observamos el arco iris.

Crea un arco iris para ver los siete colores de la luz.

PROCEDIMIENTO

Puedes usar una linterna o un rayo de luz solar para este experimento.

Materiales
- Cartón negro.
- Tijeras.
- Una vasija con agua.
- Un espejo.
- Plastilina.
- Pedazos pequeños de cartulina blanca.
- Una linterna.

1. Abre una franja horizontal justo bajo el borde superior del cartón negro (figura 1).

Figura 1

2. Dobla la parte inferior del cartón de modo que se sostenga verticalmente.

3. Echa agua en una vasija de vidrio hasta la mitad.

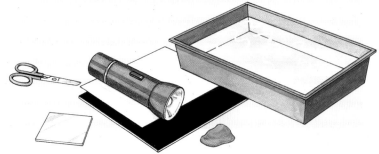

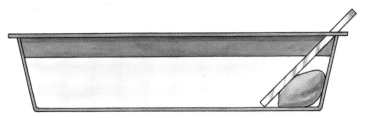

Figura 2

4. Inclina un espejo de modo que una mitad quede dentro y la otra fuera del agua (figura 2). Con plastilina, mantenlo en su lugar.

5. Sostén verticalmente el cartón negro poniendo la cartulina blanca frente a ti, de modo que la franja quede frente al espejo (figura 3).

6. Alumbra con la linterna a través de la franja hacia el espejo (figura 3). Ajusta el espejo hasta que veas un arco iris sobre el cartón blanco.

Figura 3

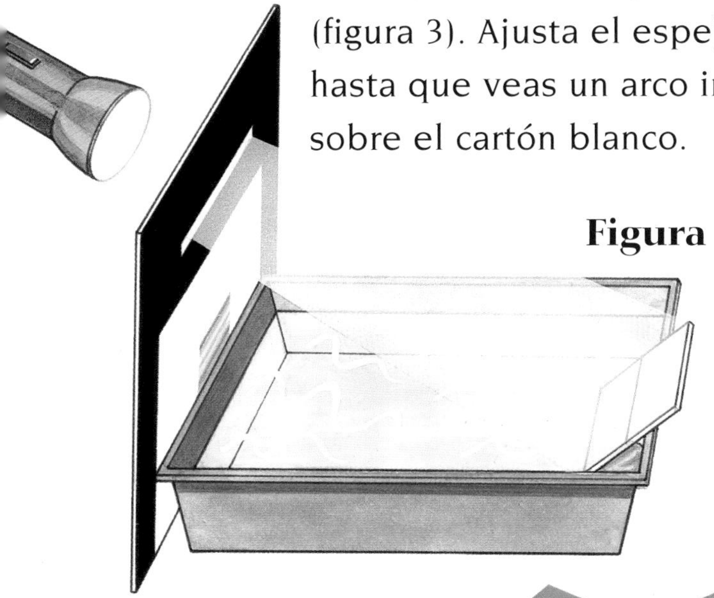

QUÉ DEMUESTRA

El prisma se genera en el triángulo entre el espejo y el agua. Cuando el rayo de luz pasa a través del prisma, cada color viaja a una velocidad levemente diferente y se curva a un ángulo distinto. La luz blanca se descompone en un espectro y ves un arco iris que se refleja en el cartón blanco.

¿Realmente es redondo el arco iris?
Si te paras en una montaña y observas un arco iris hacia abajo, verás que éste es un círculo completo. Por lo general se ve como un arco porque sólo podemos ver una parte desde el piso.

Colores de la luz

En días soleados, los objetos alrededor tuyo descomponen la luz. Puedes ver colores del arco iris cuando la luz se refleja en un CD, destella en un anillo de diamantes o brilla en un charco aceitoso.

CREA LOS COLORES DEL ARCO IRIS

Coloca una vasija de agua al rayo del Sol y derrama en ella unas pocas gotas de aceite. Agita suavemente el aceite y observarás los colores del arco iris flotando en el agua.

Figura 1

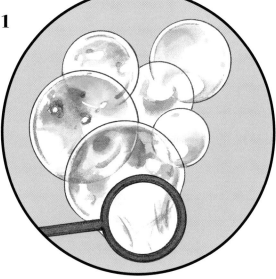

Compra alguna mezcla de burbujas o fabrica la tuya añadiéndole jabón al agua. Fuera de casa en un día soleado, sopla las burbujas y verás los colores del arco iris en su película (figura 1). La luz se refleja entre las pequeñas capas de la película jabonosa de las burbujas y entre las delgadas capas del aceite sobre el agua. La luz se descompone y se crea un espectro en la película jabonosa y la aceitosa.

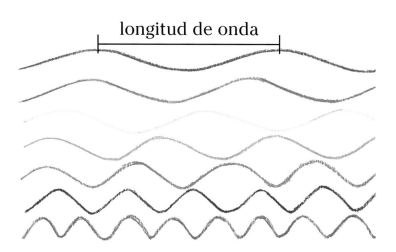

longitud de onda

DIFERENTES COLORES

Cada color de luz viaja en ondas pequeñas, todas a una diferente longitud de onda. Las ondas se miden desde la cima de una onda hasta la siguiente. El rojo tiene la mayor longitud de onda y el violeta, la menor.

POR QUÉ EL CIELO ES ROJO DURANTE LA PUESTA DEL SOL

En una jarra de agua, revuelve una cucharada de leche (figura 1). Alumbra uno de los lados de la jarra con una linterna. El agua lechosa se ve azul (figura 1). Mueve la linterna de modo que la luz brille hacia ti a través de la jarra. Ahora el agua se ve amarilla (figura 2). Añade un poco más de leche y alumbra con la linterna de nuevo; ahora el agua se ve rosada (figura 3).

Figura 2

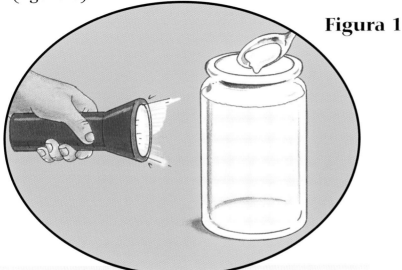

Figura 1

Figura 3

QUÉ DEMUESTRA

El agua lechosa se ve azul cuando la luz azul se dispersa por fuera de la jarra. La luz amarilla alumbrada hacia ti se ve así cuando no hay luz dispersa. En el tercer caso, sólo la luz roja puede pasar a través del líquido más nebuloso. Durante la puesta del Sol, la luz del Sol viaja a través de más partículas en la atmósfera. Sólo la luz roja puede pasar a través de éstas.

La luz del Sol se descompone en varios colores. Partículas pequeñas en la atmósfera de la Tierra dispersan luz azul, haciendo que el cielo se vea azul durante el día.

Cómo mezclar la luz

El color y la luz van de la mano, no puede haber uno sin el otro. Nosotros vemos cuando la luz entra en nuestros ojos. Vemos el color con células sensitivas a la luz en nuestros ojos, llamadas *conos*, los cuales detectan los tres colores primarios de la luz: rojo, verde y azul. Las cosas alrededor nuestro se ven de diferente color debido al color de luz que reflejan. Por ejemplo, una hoja verde refleja luz verde en nuestros ojos y absorbe, o toma, todos los otros colores.

Mezcla los colores primarios de la luz.

PROCEDIMIENTO

Este experimento funciona mejor si lo realizas con dos amigos.

Materiales
- Papel celofán rojo, azul y verde.
- Tijeras.
- Tres tubos de cartulina.
- Tres linternas.
- Cinta pegante.
- Cartón blanco.

1. Corta un círculo de papel de cada color, para hacer tres filtros. Asegúrate de que los círculos sean más grandes que el extremo de los tubos (figura 1).

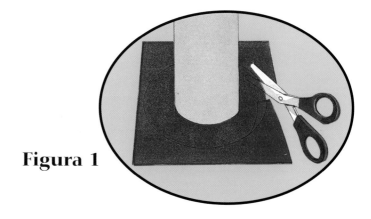

Figura 1

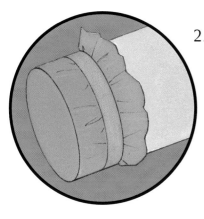

2. Pega con cinta un filtro de color al extremo de cada tubo (figura 2).

Figura 2

3. Coloca un cartón blanco en el piso. Tú y tus amigos necesitan cada uno una linterna y un tubo.

4. En una habitación oscura, enfoquen las linternas sobre cada uno de los tubos para proyectar tres focos de luz de color sobre la cartulina blanca (figura 3).

5. Muevan las luces de modo que los colores se crucen y generen nuevos colores (figura 3). ¿Puedes observar el foco de luz blanca donde los tres colores se mezclan?

Figura 3

¿Por qué no intentas hacer una rueda de color? Corta un círculo de cartulina. Pinta los siete colores del arco iris, en orden, sobre la cartulina. Pasa un lápiz por la mitad del círculo y gira la rueda. Los colores se mezclan y generan la luz blanca.

QUÉ DEMUESTRA

Has observado cómo la luz puede descomponerse en diferentes colores. Cuando todos los colores se mezclan de nuevo, se genera la luz blanca. Al mezclar luces de color se crean nuevos colores. Las luces verde y azul generan el azul pálido conocido como cian. Las luces roja y azul generan el rosado conocido como magenta. Luces verde y roja generan luz amarilla. Los filtros de color colocados sobre reflectores se usan para crear efectos de luces en el escenario.

31

Cómo mezclar la luz

**Un objeto se ve negro cuando absorbe todos los colores de la luz.
Los objetos que reflejan todos los colores de la luz en nuestros ojos se ven blancos.**

OBJETOS DE COLORES EN LUZ DE COLOR

Abre un agujero grande sobre la tapa de una caja de zapatos (figura 1). Haz otro agujero pequeño sobre uno de los extremos angostos de la caja (figura 2). Mete objetos de diferentes colores como un banano, un tomate y una manzana verde en la caja. Pon una hoja de papel celofán rojo sobre la tapa. Alumbra con una linterna a través del filtro y mira por el agujero lateral de la caja y observa cómo el filtro rojo cambia los colores de las frutas en la caja (figura 3). Los objetos rojos en la caja se ven pálidos y los verdes oscuros. Trata de usar filtros de diferentes colores.

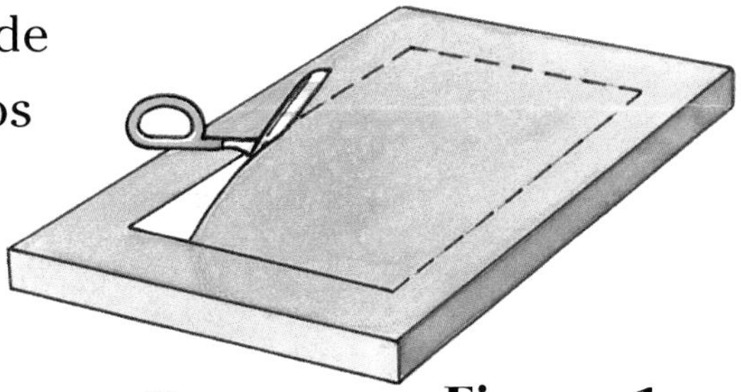

Figura 1

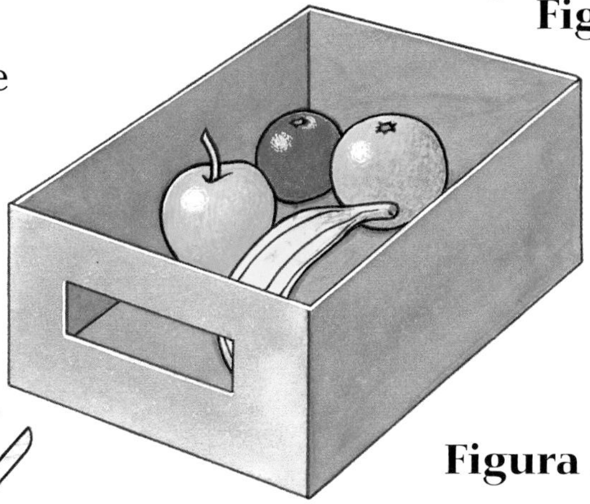

Figura 2

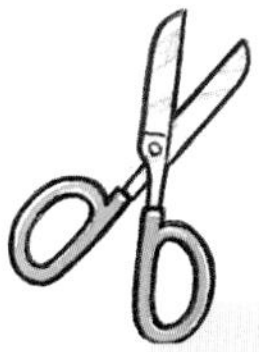

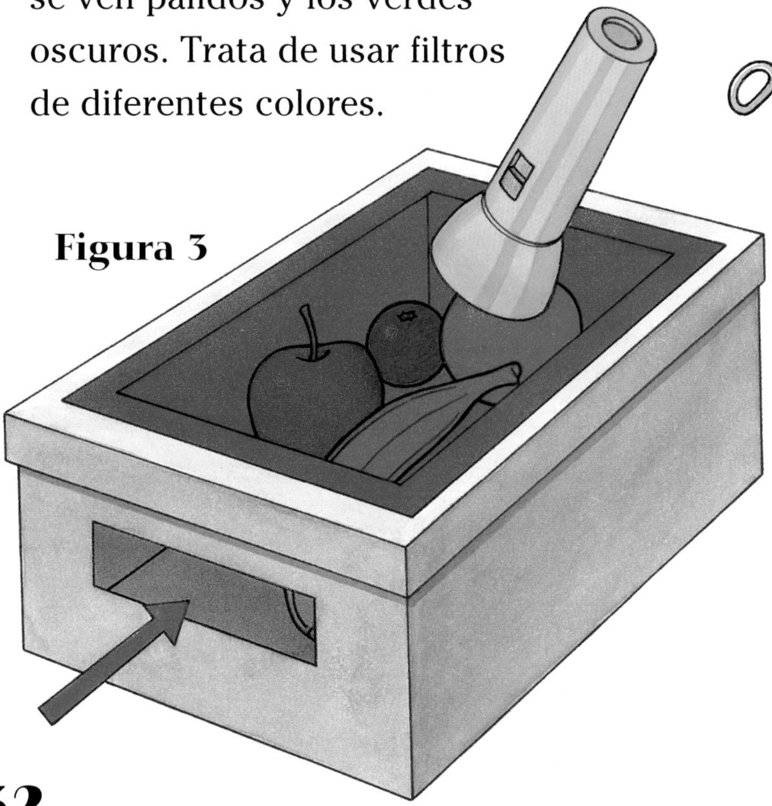

Figura 3

QUÉ DEMUESTRA

Un filtro rojo sólo permite que la luz roja pase a través de él, un filtro verde sólo permite que la luz verde pase a través de él, y así sucesivamente. Los objetos verdes se ven más oscuros a través del filtro rojo porque absorben la luz roja. Ellos no pueden reflejar luz verde porque no hay luz verde pasando a través del filtro.

¡Un banano azul!

Los ojos de algunos animales pueden ver más colores que los nuestros. Con frecuencia, estos animales también son de diversos colores vivos. Ellos utilizan sus colores para camuflarse y defenderse.

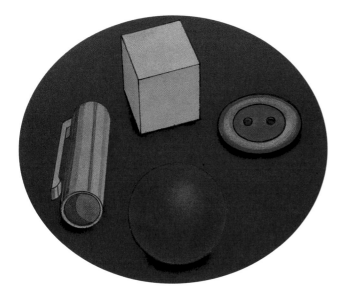

CÓMO VEMOS EN LA OSCURIDAD

Observa un grupo de objetos de colores en una habitación oscura, solamente con la luz suficiente para poder ver. ¿Puedes decir su color? No hay luz suficiente para que nuestros ojos detecten los diferentes colores. Cuando hay poca luz observamos con células de nuestros ojos denominadas *bastoncillos*, las cuales sólo detectan el blanco y el negro.

CREPÚSCULO

Observa a través de la ventana el crepúsculo, cuando el Sol ha bajado hacia el horizonte. Observa cómo los colores se desvanecen en cuanto la luz desaparece.

La luz blanca puede descomponerse en los colores del espectro. Las luces de color pueden mezclarse para crear luz blanca. Los ojos humanos y animales están adaptados para ver el color y la luz de diferentes modos.

Colores y tinturas

Las plantas, la tierra, las rocas y los animales tienen colores naturales llamados pigmentos. Estos materiales pueden pulverizarse para crear polvos de colores y usarlos en la fabricación de pinturas y tinturas. Los pigmentos naturales y químicos usados en las pinturas y tinturas pueden generar un variado rango de tonos de cada color, los cuales usamos para pintar y tinturar las cosas que elaboramos. Los pigmentos en estos objetos de color reflejan algunos de los colores de la luz en nuestros ojos y por eso observamos aquellos colores.

Tintura prendas de vestir con pigmento natural.

PROCEDIMIENTO
Debes utilizar un delantal y guantes de goma para este proyecto.

Materiales
- Tabla de picar.
- Cuchillo.
- Remolacha.
- Cacerola.
- Pinzas o cucharas de mango largo.
- Tela de algodón blanco.
- Cuerdas.
- Tijeras.

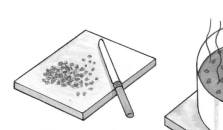

Figura 2

Figura 1

1. Sobre una tabla, pica cuidadosamente una remolacha en cubos pequeños (figura 1).
2. Coloca los cubos en una cacerola con agua y una vez hierva mantenlos a fuego lento 15 minutos hasta que el agua se torne morada (figura 2).

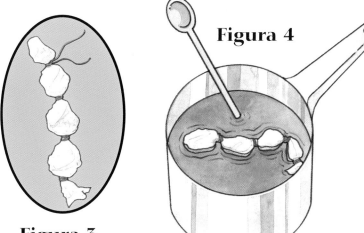

Figura 4

Figura 3

POR QUÉ FUNCIONA

Los vegetales contienen pigmentos de colores que son liberados en el agua hirviendo. La remolacha, el repollo rojo y las cerezas contienen pigmento rojo. La espinaca contiene pigmento verde y la piel de la cebolla contiene pigmento amarillo. Al sumergir la tela en el agua de color, se tintura. La tintura no puede llegar a las partes de la tela que están amarradas, por eso permanecen blancas. Experimenta con la cuerda amarrándola en diferentes formas para crear diferentes patrones sobre la tela.

3. Retira la cacerola del fuego y déjala enfriar.

4. Enrolla la tela de algodón y amárrala fuertemente con la cuerda en tres o cuatro partes diferentes (figura 3).

5. Sumérgela en el agua morada y déjala allí algunos minutos (figura 4).

6. Retírala con las pinzas o las cucharas (figura 5), corta la cuerda (figura 6) y cuelga la prenda para que seque (figura 7).

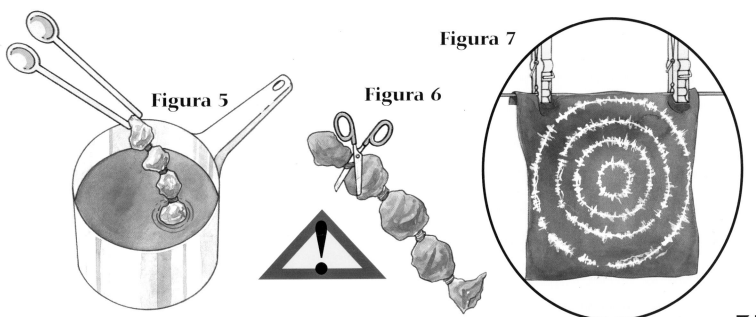

Figura 5

Figura 6

Figura 7

Colores y tinturas

Los tonos de colores se crean mezclando pigmentos o tinturas para generar nuevos colores. La mezcla de pigmentos tiene un efecto diferente a la mezcla de las luces de color.

CÓMO SEPARAR LOS COLORES

Diversos pigmentos se utilizan para crear la tinta de los bolígrafos de colores. Corta círculos de toalla absorbente de cocina (figura 1). Dibuja una gota de color en el centro de cada uno con marcador a prueba de agua (figura 1).

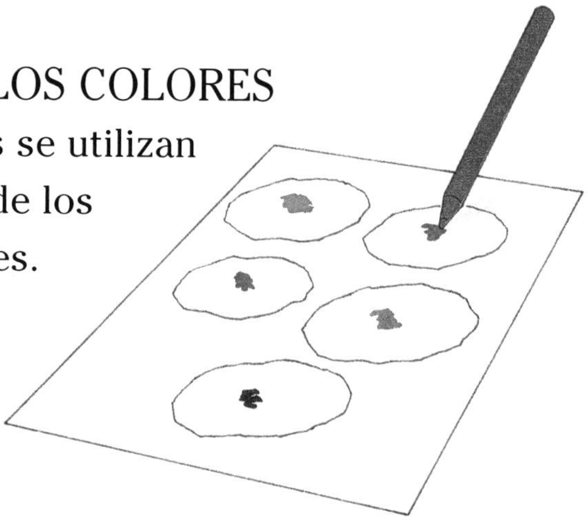

Figura 1

Sumerge un pitillo en agua y cubre su parte superior con tu dedo (figura 2). Retira el dedo para dejar caer una gota de agua en cada pinta de color (figura 3). Observa cómo el color se separa y nuevos colores aparecen (figura 4).

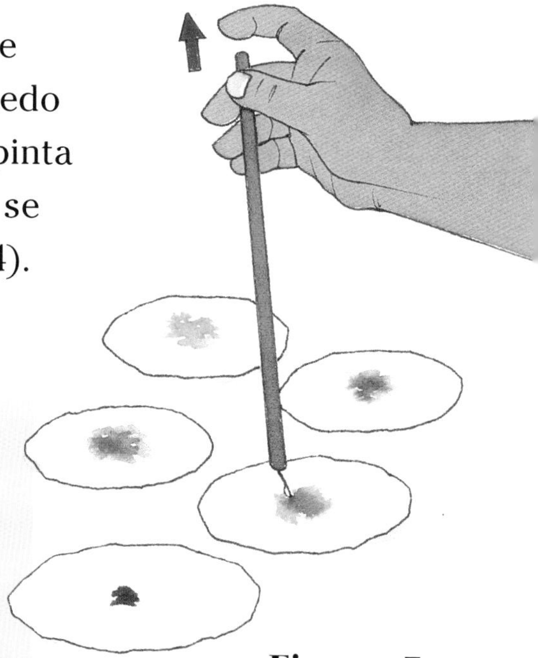

Figura 2

QUÉ DEMUESTRA

El agua viaja a través de la toalla absorbente de cocina y separa los pigmentos en la tinta. Cada pigmento se separa a una velocidad levemente diferente. Así puedes ver los pigmentos separados que conforman cada tinta de color.

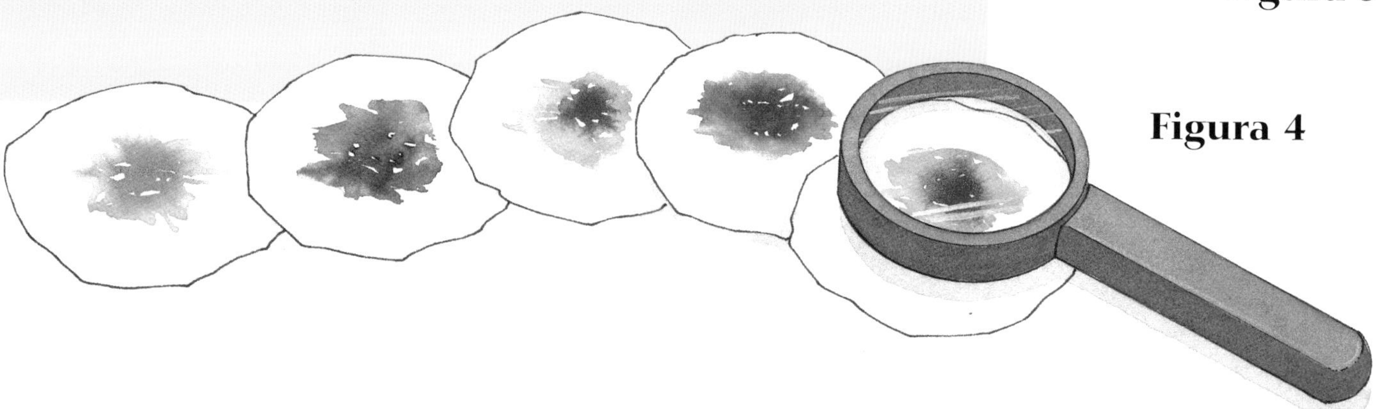

Figura 3

Figura 4

Jugo de escarabajo

La cochinilla es una tintura roja fuerte hecha a base de escarabajos rojos triturados. Se utiliza como tintura de comida, la cual probablemente ya has probado.

LOS SORPRENDENTES PUNTOS MÁGICOS
Utiliza puntos para elaborar un cuadro completo

Dibuja un cuadro utilizando solamente puntos de color. Usa puntos azules y amarillos cuando quieras obtener verde; amarillos y rojos cuando quieras naranja; azul y rojo para obtener morado. Aléjate y observa cómo los colores y formas aparecen.

POR QUÉ FUNCIONA
Tu cerebro mezcla los puntos de colores y tú ves los colores nuevos.

CARTA DE COLORES

Crea una carta de colores como ésta. Empieza con los colores primarios de pinturas: rojo, amarillo y azul. Mézclalos para formar los colores secundarios: naranja, verde y púrpura. Colocando colores opuestos en la carta de colores, uno junto al otro, los verás más brillantes.

Los colores que se reflejan de los pigmentos son diferentes a los colores del espectro. Observamos los colores cuando los pigmentos reflejan algunos colores de luz en nuestros ojos.

37

Cómo tomar fotografías

A diario observamos imágenes del mundo entero, estáticas y en movimiento, en periódicos y televisión, capturadas por cámaras, en películas y video y con tecnología digital. Tenemos álbumes de fotografías familiares y películas caseras. Las cámaras de rayos X toman imágenes de huesos dentro de tu cuerpo y las cámaras infrarrojas toman imágenes de la luz que normalmente no podemos ver. Nuestros ojos funcionan como una pequeña cámara precisa que nos permite observar el mundo a nuestro alrededor.

Fabrica una cámara.

PROCEDIMIENTO

Cuanto más brillante sea el objeto que escojas, mejor imagen tendrás en la cámara.

Materiales
- Cinta pegante.
- Papel calcante.
- Una caja cuadrada pequeña.
- Un alfiler.
- Una toalla oscura.
- Una lupa.

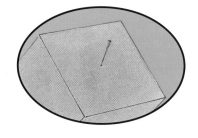

Figura 1   **Figura 2**

1. Coloca papel calcante sobre el lado abierto de la caja y fíjalo con cinta (figura 1).

2. Con un alfiler, haz un pequeño agujero a la caja sobre el lado opuesto al papel calcante (figura 2).

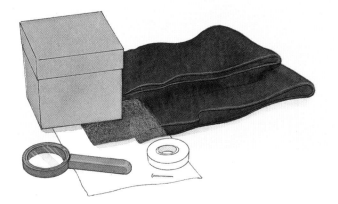

Figura 3

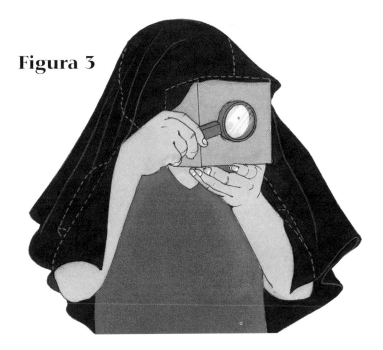

3. Pon la toalla sobre tu cabeza y la caja para bloquear la luz (figura 3).

4. Apunta el agujero a algo muy brillante y mira a través del papel calcante.

5. Sostén una lupa entre el agujero y el objeto que estás mirando para obtener una imagen más clara y grande.

6. Observarás una imagen cabeza abajo del objeto brillante, que se refleja en el papel calcante (figura 4).

Figura 4

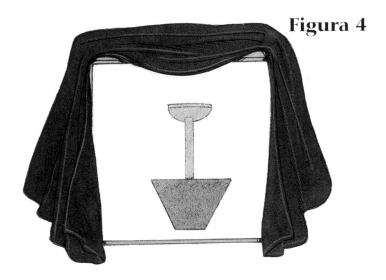

POR QUÉ FUNCIONA

Los rayos de luz viajan en línea recta. Los rayos de la parte superior e inferior del objeto se cruzan en cuanto pasan a través del agujero e invierten la imagen en el papel calcante; por eso la ves cabeza abajo. En una cámara, la imagen se proyecta en papel fotográfico, el cual contiene químicos que la preservan como una fotografía.

Tus ojos trabajan del mismo modo. Una lente enfrente de tu ojo enfoca la luz hacia células sensitivas a la luz en la retina, en la parte posterior de tu ojo. La imagen boca abajo es enviada al cerebro donde gira de nuevo.

Cómo tomar fotografías

Nuestros ojos están diseñados para observar sólo una pequeña cantidad de luz conocida como luz visible. Las cámaras pueden diseñarse para capturar luz invisible al ojo humano.

CÓMO FUNCIONAN LOS RAYOS X

Los rayos X pueden viajar a través de cosas como la piel o la ropa. Ellos se utilizan para revisar el interior del equipaje en los aeropuertos y en los hospitales para observar los huesos rotos. En un trozo de cartulina, dibuja el contorno de tu mano y recórtalo (figura 1). Pega la silueta de tu mano entre dos hojas de papel blanco (figura 2). Mira el papel; no puedes ver tu mano (figura 3). Sostén el papel en alto y pon una luz brillante detrás de él. Podrás ver claramente el contorno de tu mano (figura 4).

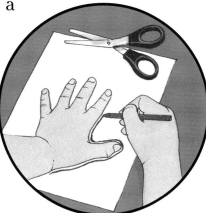

Figura 1

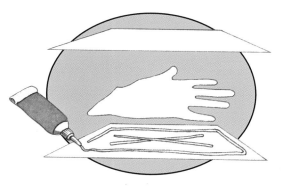

Figura 2

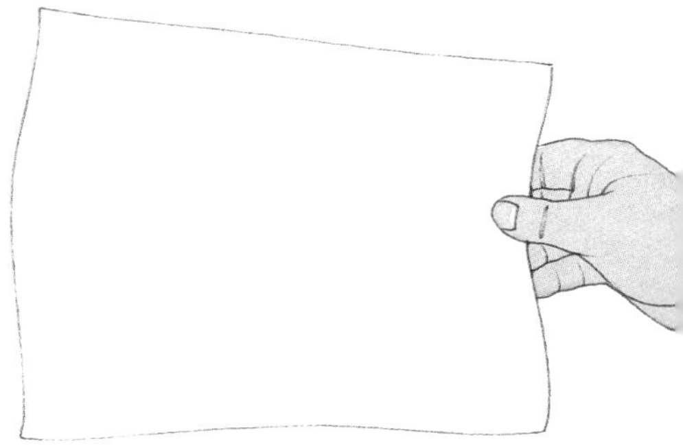

Figura 3

POR QUÉ FUNCIONA

La luz visible es una pequeña parte del espectro electromagnético. Los rayos gamma, los rayos X, los rayos ultravioleta, los rayos de luz visible, los rayos infrarrojos, microondas y ondas de radio son ondas electromagnéticas con diferente longitud de onda. Los rayos X tienen una longitud de onda más corta que los rayos de luz visible. La luz de rayos X pasa a través de nuestra piel pero no de nuestros huesos y por eso observamos sombras de ellos.

Figura 4

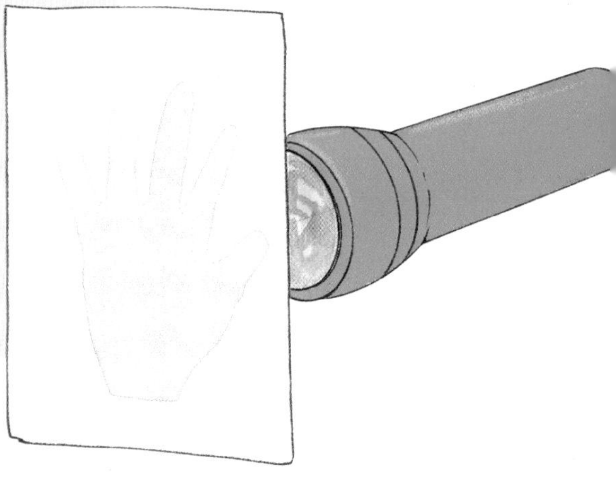

EL SORPRENDENTE PEZ EN LA CAJA
Observa cómo la luz puede engañar tus ojos

Necesitas un trozo de cartón grueso de 6 cm x 6 cm con dos orificios a los lados. Pasa 60 cm de cuerda a través de los orificios. Dibuja un pescado en una cara del cartón y una taza en la otra. Enrosca la cuerda una y otra vez y luego hala fuertemente de cada uno de los extremos de modo que el cartón gire rápidamente.

POR QUÉ FUNCIONA

Pareciera que el pescado está en la taza porque las figuras se mueven tan rápidamente que tus ojos las observan como una sola figura.

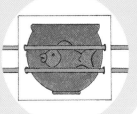

Gato caliente

Las cámaras infrarrojas capturan la luz invisible conocida como radiación infrarroja, la cual es producida por cualquier cosa caliente. Ellas pueden tomar fotografías de cosas que usualmente serían invisibles de noche.

HAZ UN LIBRO DE CARICATURAS

Las caricaturas están hechas de secuencias de figuras que al moverlas rápidamente, nuestro cerebro las ve como una película en movimiento. Haz una secuencia de dibujos de una figura corriendo de un lado al otro. Ponlas juntas una encima de otra y pasa las hojas rápidamente. Verás cómo corre tu figura.

Las cámaras enfocan la luz hacia la película a través de lentes para capturar las imágenes, del mismo modo que las lentes de nuestros ojos enfocan la luz hacia las células sensitivas a la luz, de nuestros ojos.

41

Una luz extraña

El Sol, las lámparas, las linternas y las velas son objetos luminosos familiares que producen luz. La luz también proviene de otras fuentes extrañas. Puedes observar destellos de luz causados por electricidad estática cuando: te quitas una camisa de nailon; una luciérnaga emite señales de luz de noche; líneas fluorescentes brillan en los focos de los faros y los químicos resplandecen dentro de los palillos de luz. El láser controla y utiliza el poder de la luz, y la luz viaja a lo largo de cables de fibra óptica portando información.

Haz que la luz se incline y se derrame para ver cómo funciona la fibra óptica.

PROCEDIMIENTO

Haz el agujero con el alfiler y el parche claro sobre el primer tercio, abajo arriba de la botella.

Materiales
- Tijeras.
- Una botella de plástico transparente.
- Pintura negra.
- Una linterna.
- Un alfiler.
- Un tazón grande de vidrio.

Figura 1

1. Corta la parte superior de la botella de plástico (figura 1).

2. Pinta toda la parte externa de negro, dejando un parche pequeño a uno de sus lados (figura 2).

3. Con un alfiler, haz un agujero pequeño al otro lado de la botella, opuesto al parche claro (figura 2).

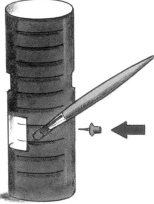

Figura 2

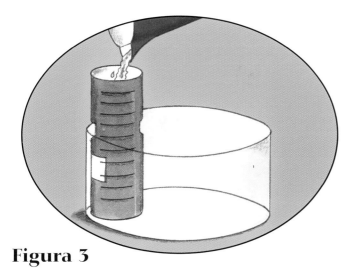

Figura 3

4. En una habitación oscura, pon la botella verticalmente en el tazón de vidrio pegada al borde, con el parche hacia fuera y el agujero hacia adentro (figura 3).

5. Llena la botella con agua (figura 3); luego alumbra con una linterna sobre el parche claro.

6. La presión hará que el agua pase a través del agujero formando una corriente delgada, la cual brillará intensamente con la luz de la linterna (figura 4).

Figura 4

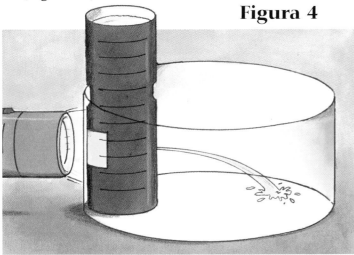

QUÉ DEMUESTRA

La luz porta información tal como el teléfono y las señales de televisión lo hacen a lo largo de tubos de vidrio llamados cables de fibra óptica. Los cables encaminan la luz rápida y eficientemente a lo largo de curvaturas y grandes distancias. La corriente de agua actúa como un cable de fibra óptica. Los rayos de luz rebotan en los lados de la corriente y se reflejan dentro de ésta, haciéndola brillar.

Los cables de fibra óptica portan luz a lo largo de todo su camino reflejándola de ida y vuelta, en los laterales de sus cables delgados.

El Sol, el fuego y las bombillas de luz eléctrica son incandescentes, lo cual significa que producen luz a través del calor. Las cosas frías también producen luz.

Una luz extraña

GENERA LUZ CON CUBOS DE AZÚCAR

Los granos de azúcar son cristales pequeños. El azúcar en terrones se fabrica empacando granos de azúcar en cubos. Pon algunos cubos de azúcar en una bolsa plástica transparente y amárrala (figura 1). Pon la bolsa sobre una tabla de picar y oscurece la habitación. Amasa la bolsa con un rodillo de madera y verás chispitas de luz saliendo de los cristales de azúcar (figura 2).

Figura 1

Figura 2

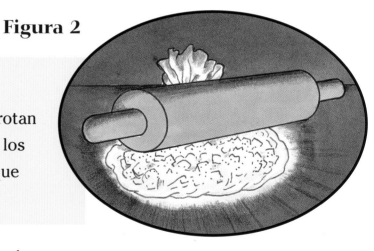

POR QUÉ FUNCIONA

La luz se produce cuando los cristales se frotan entre sí. Al amasar el azúcar con el rodillo, los granos se frotan entre sí con tanta fuerza que producen chispitas de luz.

Figura 1

DESCUBRE POR QUÉ LOS PALILLOS DE FIESTA BRILLAN

Hay dos clases de químicos en un palillo de fiesta brillante: uno en un tubo interno y el otro en un tubo externo. Cuando partes el tubo (figura 1), los químicos se mezclan y brillan. Puedes detener la reacción entre los químicos (figura 2) colocando el tubo en un refrigerador. Para iniciar de nuevo la reacción y hacerlo brillar, sumérgelo en agua caliente.

Figura 2

Lombrices que brillan

Las lombrices que brillan son como los palillos de fiesta brillantes en la oscuridad. Los químicos en sus cuerpos se mezclan para producir una luz verdosa. Ellas pueden prender y apagar su luz cada vez que quieran.

PINTA DIBUJOS QUE BRILLEN

Las pinturas luminosas funcionan porque almacenan luz. Cuando se tornan opacas, puedes recargarlas, devolviéndoles su luz brillante. Pinta dos dibujos, uno con pintura o lápices luminosos y el otro con pintura o lápices comunes. Coloca los dibujos a la sombra o bajo poca luz y observarás cómo la pintura luminosa brilla con su luz almacenada.

Varias clases de luz iluminan el mundo. El Sol es la fuente principal de luz en la Tierra. Sin la luz y el calor del Sol, no habría vida sobre la Tierra.

Glosario

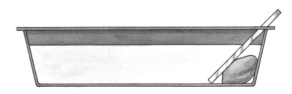

Cable de fibra óptica

Tubo muy pequeño de vidrio a lo largo del cual la luz viaja grandes distancias, portando grandes cantidades de información. Se usa en el teléfono, la televisión y las señales de internet.

Colores primarios

Colores que pueden combinarse para producir otros colores. Los colores primarios de luz son rojo, verde y azul. Los colores primarios de las pinturas son amarillo, azul y rojo.

Espectro

Todos los colores de luz visible, desde aquellos con longitud de onda más corta (violeta) hasta aquellos con la longitud de onda más larga (rojo).

Lentes cóncavas

Trozo curvo de vidrio que dispersa los rayos de luz; hace que las cosas se vean más pequeñas.

Lentes convexas

Trozo curvo de vidrio que junta los rayos de luz; hace que las cosas se vean más grandes.

Longitud de onda

La luz viaja en ondas. La longitud de onda es la distancia desde la cima de una onda de luz hasta la cima de la siguiente. Nosotros vemos las luces de distinta longitud de onda como diferentes colores.

Microscopio

Disposición de lentes y espejos que puede magnificar las cosas invisibles al ojo.

Opaco

Material, por ejemplo el ladrillo, a través del cual no puede pasar la luz.

Pigmentos

Sustancias que le dan color a las pinturas y tinturas.

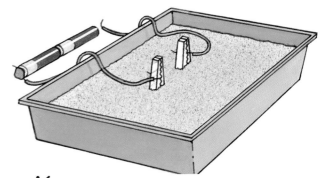

Prisma

Pedazo transparente de vidrio que refracta (cambia la dirección) la luz, descomponiéndola en los colores del arco iris.

Rayo de luz

Delgado haz de luz.

Rayos X

Clase de onda que el ojo humano no puede ver. Los rayos X pasan a través de algunos materiales que son opacos a la luz visible.

Reflexión

Modo en que la luz rebota sobre una superficie. Ésta se refleja en una superficie plana en el mismo ángulo en que incide.

Refracción

Modo en que la luz cambia de dirección cuando pasa de un medio (como el aire) a otro (como el agua).

Sombra

Área oscura formada sobre una superficie, la cual toma la forma del objeto que ha bloqueado los rayos de luz del Sol u otra fuente de luz.

Telescopio

Instrumento científico que utiliza lentes y espejos para magnificar objetos lejanos, como las galaxias y las estrellas en el firmamento nocturno.

Translúcido

Material, como el papel calcante, que permite que parte de la luz pase a través de él.

Transparente

Material, como el vidrio, que permite que toda o casi toda la luz pase a través de él.

Índice

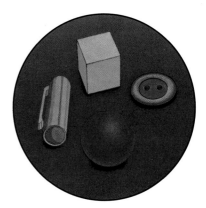

absorción 30, 32
agua 18, 19, 20, 21, 23, 27, 36, 43
aire 18, 21
arco iris 26, 27, 28, 31, 47
atmósfera 29

bastoncillos 33
binoculares 22
bombilla eléctrica 6, 7, 44

cámara 22, 38, 39, 40, 41
cerebro 37, 39, 41
circuito eléctrico 7
colores
    de la luz 18, 26-29, 34
    primarios de luz 37, 46
    secundarios 37
    y tinturas 34-37, 46
conos 30

electricidad estática 42
energía 6
espacio 9, 18
espectro 26, 27, 28, 33, 37, 46
espejismo 20
espejos 14, 15, 17, 22, 23, 25, 26, 27
    cóncavos 25
estrellas 9, 25, 47

fibra óptica 42, 43, 46
filtro 31, 32
fotografía 38, 39

gafas 22, 24

infrarrojo 38, 41

láser 42
lentes 22-25, 39, 41, 46
    cóncavas 22, 23, 24, 25, 46
    convexas 22, 23, 24, 25, 46
    de contacto 24
longitud de onda 28, 46
Luna 5, 8
lupa 24, 25
luz
    blanca 26, 27, 29, 31, 33
    cómo mezclar la 30-33
    de la Luna 8
    fluorescente 42
    incandescente 44
    intensidad de la 8
    ondas de 28, 46
    solar 8, 13, 16, 20, 26, 29
    velocidad de la 9, 18, 19, 21, 27
    visible 40

magnificación 25, 46
microscopio 22, 25, 46

oasis 20
ojos 30, 32, 33, 34, 38, 39, 40, 41, 47
opaco 13, 46

película 38, 39, 41
penumbra 12
pigmento 34, 35, 36, 37, 46
pintura luminosa 45
prisma 18, 22, 26, 27, 29, 47

químicos 42, 44, 45

rayos
    de luz 6, 10, 20, 21, 22, 23, 24, 27, 29, 39, 43, 46, 47
    X 38, 40, 47
reflexión 14-17, 25, 28, 30, 32, 34, 37, 43, 46
refracción 18-21, 47

Sol 6, 10, 11, 12, 26, 29, 42, 44, 45
    puesta del 29, 33
    salida del 29
sombra 6, 9, 10-13, 40, 47

telescopio 22, 25, 47
Tierra 6, 10, 11, 13, 29, 45
tinta 36
tomar fotos 38-41
transparente 13, 18, 44, 47
translúcido 13, 47

umbra 12

vidrio 18, 19, 21, 22, 26, 43, 46, 47

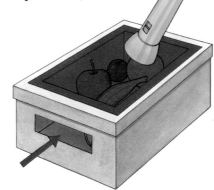